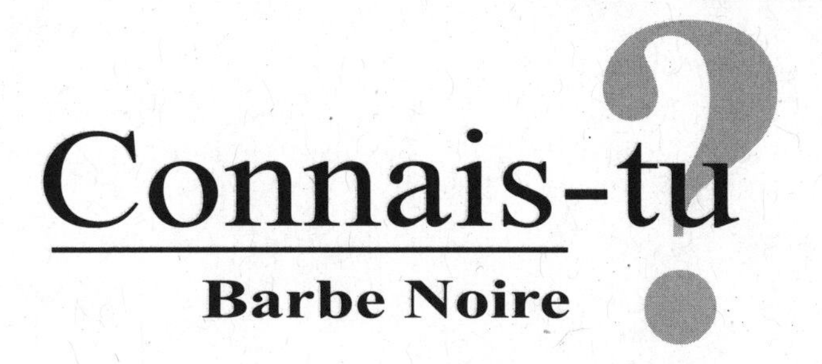

Textes : Johanne Ménard
Illustrations et bulles : Serge Paquette

Catalogage avant publication de Bibliothèque et Archives nationales du Québec et Bibliothèque et Archives Canada

Ménard, Johanne, 1955-

Barbe Noire

(Connais-tu? ; 1)
Pour enfants de 8 ans et plus.

ISBN 978-2-89435-443-8

1. Teach, Edward, m. 1718 - Ouvrages pour la jeunesse. 2. Pirates - Ouvrages pour la jeunesse. I. Paquette, Serge, 1957- . II. Titre.

G537.T42M46 2009 j910.4'5 C2009-941473-2

Écrivain-conseil : Guy Marchamps
Révision linguistique : Paul Lafrance
Conception graphique (couverture) : Céline Forget
Infographie : Marie-Ève Boisvert

Patrimoine canadien Canadian Heritage

La publication de cet ouvrage a été réalisée grâce au soutien financier du Conseil des Arts du Canada et de la SODEC.

De plus, les Éditions Michel Quintin bénéficient de l'aide financière du gouvernement du Canada par l'entremise du Programme d'aide au développement de l'industrie de l'édition (PADIÉ) pour leurs activités d'édition.

Gouvernement du Québec – Programme de crédit d'impôt pour l'édition de livres – Gestion SODEC

ISBN 978-2-89435-443-8
Dépôt légal - Bibliothèque et Archives nationales du Québec, 2009
Bibliothèque et Archives Canada, 2009

Éditions Michel Quintin
C.P. 340, Waterloo (Québec)
Canada J0E 2N0
Tél.: 450 539-3774
Téléc.: 450 539-4905
www.editionsmichelquintin.ca

0 9 - G A - 1

Imprimé au Canada

Connais-tu Barbe Noire, le plus célèbre pirate des Caraïbes? Il y a 300 ans, bien des équipages qui devaient prendre la mer frémissaient rien qu'à entendre son nom.

« Hissez pavillon noir ! Tirez du canon ! Sortez les mousquets ! À l'abordage ! »

Combien de fois l'équipage de Barbe Noire a-t-il dû entendre ces ordres criés d'une voix tonitruante...

Barbe Noire tient son nom de la longue barbe qui lui descend sur le torse. On raconte qu'il la porte en minces tresses nouées avec des boucles rouge sang.

Homme imposant, il arbore sur son habit cramoisi deux sabres à la taille et des pistolets en bandoulière.

Inspirer la peur est sa ruse la plus efficace. Il n'hésite pas, pour terroriser encore plus ses adversaires lors d'un abordage, à allumer des mèches à canon sortant de son chapeau.

PAN!
PAN!

Le vrai nom de Barbe Noire serait Edward Teach (ou Thatch). Né en Angleterre en 1680, il s'est d'abord

embarqué sur un bateau corsaire au service de la reine Anne. C'est vers l'âge de 35 ans qu'il devient un véritable pirate.

Sais-tu la différence entre un corsaire et un pirate ? Tous deux pillent des navires, mais le premier le fait

pour le compte d'un gouvernement, alors que le second agit dans l'illégalité et garde tout le butin pour lui.

Barbe Noire s'empare bientôt d'un gros vaisseau français transportant des esclaves. Le navire est rebaptisé *Revanche de la reine Anne*, sans doute par moquerie, et devient un des plus imposants bateaux

pirates de l'histoire. Rapidement transformé en arme menaçante par son nouveau capitaine, son nombre de canons passe de 14 à 40 et il accueille 150 complices.

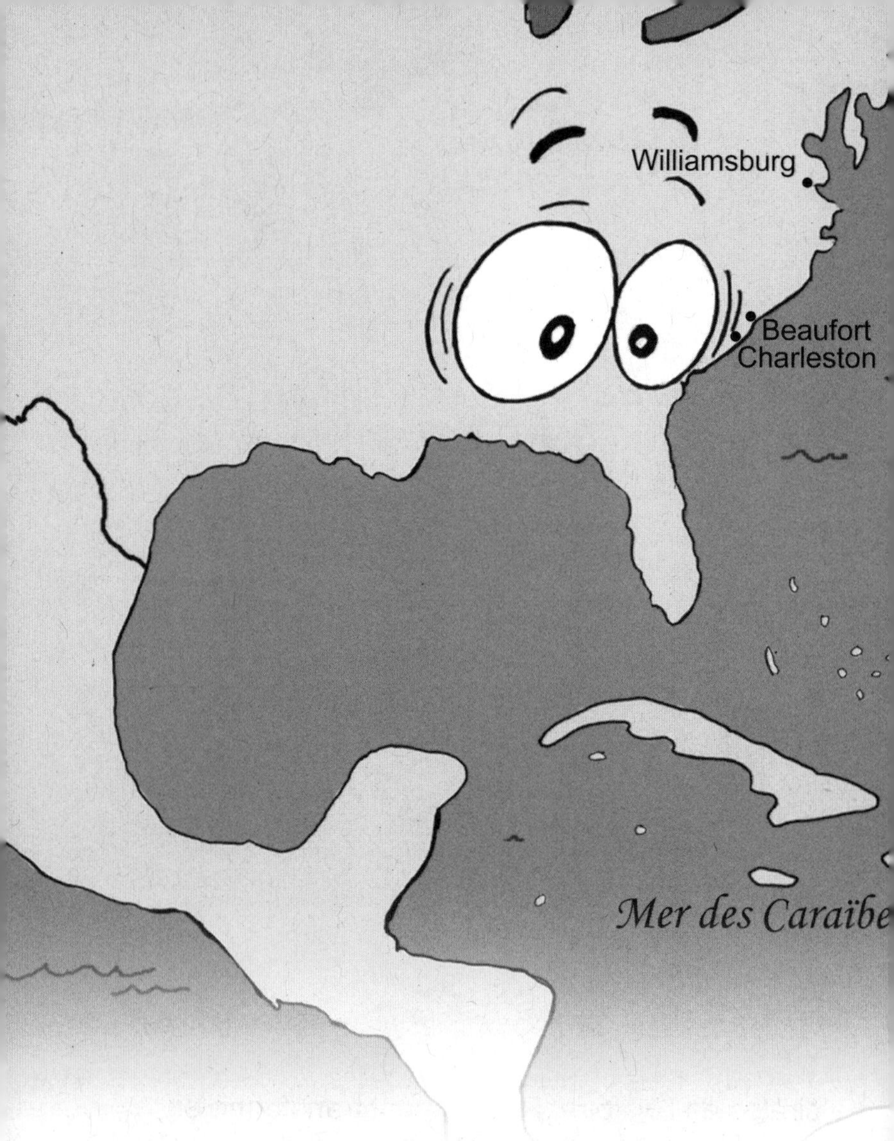

À bord de ce vaisseau amiral, et bientôt à la tête de trois autres navires plus petits, Barbe Noire

commence son règne de terreur, des îles des Caraïbes aux côtes américaines.

Sais-tu que les bateaux pirates hissaient d'abord un pavillon ami pour tromper leur proie ?

Puis, lorsque l'abordage était imminent, le Jolly Roger aux symboles de mort, souvent un crâne avec des tibias entrecroisés, était arboré.

Le pavillon de Barbe Noire est orné d'un squelette à tête de diable, tenant un sablier dans une main

(pour encourager l'adversaire à se rendre rapidement) et une lance visant le cœur dans l'autre.

Certains prétendent qu'il aurait eu 13 épouses. On a aussi dit beaucoup de choses sur la cruauté de Barbe Noire, entre autres qu'il massacrait

ses victimes et qu'il tirait même sur ses propres hommes pour s'assurer leur respect.

Il semble plutôt que le capitaine, intelligent et rusé, cultivait cette réputation diabolique, mais préférait

laisser la vie sauve à ses adversaires afin qu'ils répandent la nouvelle qu'il valait mieux se rendre.

J'AIME BEAUCOUP LIRE, C'EST TELLEMENT INSTRUCTIF !
La piraterie
L'ABC de la piraterie
La piraterie pour les nuls
Devenir

Loin d'être un barbare, Barbe Noire aimait les livres d'histoire, et son plus grand désir était de s'y retrouver un jour.

L'exploit le plus spectaculaire de Barbe Noire est le blocus du port de Charleston, en Caroline du Sud.

Sa flottille de quatre navires et de 400 pirates arraisonne alors huit ou neuf bateaux en une seule semaine.

Excédé par les méfaits du pirate, le gouverneur de la Virginie met à prix la tête de Barbe Noire. Le lieutenant Maynard, de la marine de Sa Majesté, se lance à sa poursuite.

DITES L'AMI, S'EST-ON DÉJÀ RENCONTRÉ QUELQUE PART ?
EUH... JE NE VOIS PAS !

La *Revanche de la reine Anne* et un autre de ses bateaux s'étant échoués, Barbe Noire récupère leurs

richesses et poursuit sa course de hors-la-loi sur un des sloops qui lui restent.

BONNE NOUVELLE,
LES GARS ! LE CAPITAINE NOUS
A LAISSÉ UN JEU DE CHASSE
AU TRÉSOR !

Il ne garde avec lui qu'un certain nombre de fidèles, abandonnant le reste de ses matelots sur une pointe de sable déserte.

Maynard retrouve bientôt le bateau de Barbe Noire ancré dans la baie d'Ocracoke.

Le pirate et ses compagnons savent que le moment est venu de se battre jusqu'au bout.

Barbe Noire réussit d'abord à échapper à l'assaut en faisant s'échouer le vaisseau du lieutenant.

Après avoir décimé la moitié de l'équipage de son poursuivant à coups de canon, il commande l'abordage.

Mais Maynard, usant lui aussi d'une ruse de pirate, a caché des hommes valides dans les cales.

HÉ ! HÉ ! UN BIJOU,
CE « GUIDE DES 101 MEILLEURES
RUSES DE PIRATES » !

Barbe Noire et Maynard s'affrontent au sabre et au pistolet en un combat sanglant. Des matelots prêtent main-forte au lieutenant.

MMMM ! ON VA SE REQUINQUER AVEC UN BON REPAS CE SOIR !

JE SUIS UN DES PREMIERS À AVOIR EU DES PIERCINGS !

Lorsque Barbe Noire rend l'âme, on compte sur lui pas moins de vingt coups de sabre et cinq trous de balle.

Nous sommes le 22 novembre 1718. En une seule année depuis l'armement de la *Revanche de la reine*

Anne, Barbe Noire a réussi à attaquer une quantité impressionnante de navires et à semer la terreur.

ET DANS LA CATÉGORIE :
MEILLEUR PIRATE DE TOUS LES TEMPS, LE GAGNANT EST... **BARBE NOIRE !**

HOURRA!

HOURRA!

BRAVO!

BRAVO!

L’homme de 38 ans passera à l’histoire, selon son souhait, comme le pirate le plus téméraire et le plus courageux de son époque.

C'EST BARBE NOIRE. ON DIRAIT QU'IL N'A PLUS TOUTE SA TÊTE!
BOF! JE N'AI PLUS TELLEMENT FAIM... J'CROIS QUE JE VAIS PASSER MON TOUR!

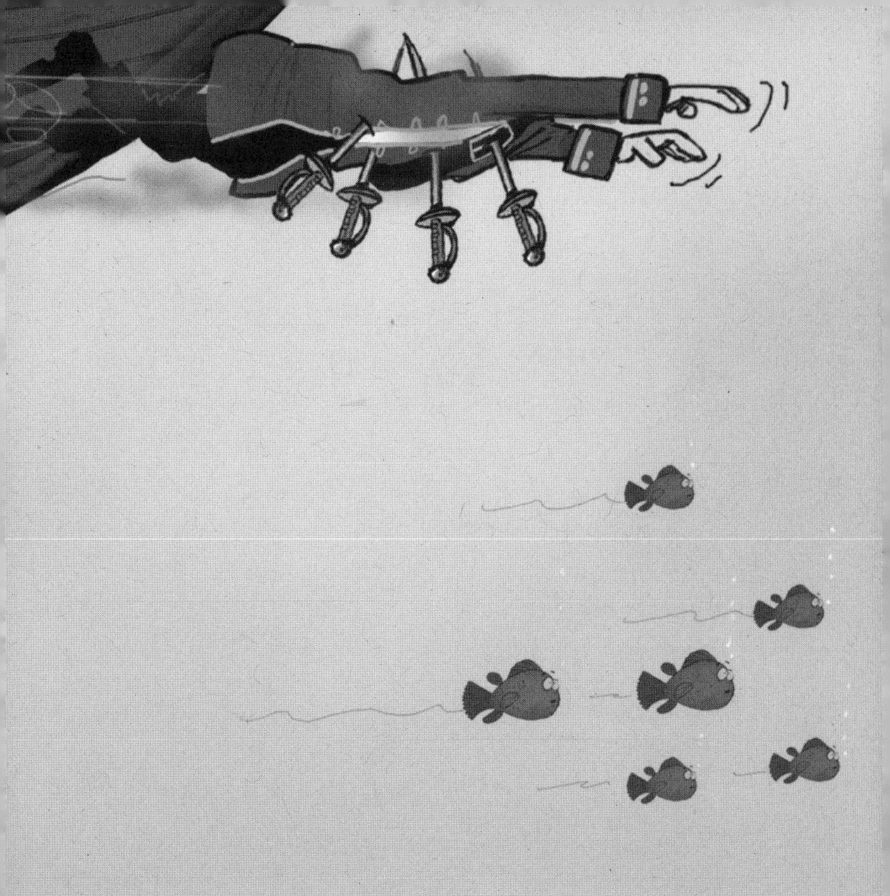

Une fois sa tête tranchée, on raconte que son corps aurait fait le tour du bateau deux fois à la nage avant de couler!

REGARDE, C'EST BARBE NOIRE. IL EN FAIT UNE TÊTE !
C'EST FOU COMME IL A CHANGÉ DEPUIS LA DERNIÈRE FOIS QUE JE L'AI VU !

D'abord exhibée à la proue du vaisseau pour servir d'exemple aux autres pirates, la tête de Barbe Noire aurait ensuite été exposée sur une place publique.

T'EN VEUX
UN PEU, JACK ?

Une légende veut que son crâne ait fini par servir de bol à punch dans une taverne de Williamsburg, en Virginie.

Des chercheurs pensent avoir retrouvé les vestiges de la *Revanche de la reine Anne* à l'anse Beaufort, par six mètres de profondeur.

On a dégagé de gros canons et d'autres débris ensevelis sous le sable.

Nombreux sont ceux qui cherchent encore les trésors peut-être cachés par Barbe Noire sur des côtes désertes...

LE CAPITAINE N'A PAS PERDU SON SENS DE L'HUMOUR!

Le célèbre pirate aurait cependant averti les futurs chercheurs de trésors: « Seul le diable et moi-même connaissons mes cachettes. Et le diable héritera de tout ! »

Ce livre a été imprimé sur du papier contenant 100 %
de fibres recyclées postconsommation, certifié Écolo-Logo
et Procédé sans chlore et fabriqué à partir d'énergie biogaz.